Бык

Китайский гороскоп

2024

Alina A. Rubi/Angeline Rubi

Издается самостоятельно

Все права защищены © 2024.

Редактирование: Анжелина А. Руби

rubiediciones29@gmail.com

Введение

Китайский календарь - древний и сложный, он никогда не был упрощен. Во многих культурах лунный календарь заменялся солнечным.

Китайский, исламский и еврейский календари управляются лунными фазами. Это сложная система, поскольку они управляются не только лунными циклами, но и включают в себя солнечный цикл, цикл Юпитера и Сатурна.

Китайцы считают, что универсальная энергия управляется балансом. Важнейшим элементом этого баланса является концепция Инь и Ян. Инь противоположна Ян и наоборот, но вместе они достигают полного равновесия. Эта энергия присутствует во всем сущем, как в материальном, так и в нематериальном.

Символ Инь/Ян разделен на две половины, одна из которых черная (Инь), а другая белая (Ян). Обе части соединены посередине эллипсом, который соединяет их вместе, образуя кривую. Их черный и белый цвета означают, что существует дуализм, и для того, чтобы существовало одно, необходимо, чтобы существовало и другое. Внутри Инь находится круг Ян, который символизирует, что тьма всегда требует света. Внутри я находится круг июнь, что говорит о том, что внутри света всегда найдется тьма.

Объединяющий их эллипс означает, что все течет, трансформируется и развивается. При дисбалансе двух энергий, Инь или Ян, наша жизнь не сбалансирована, так как вместе они усиливают друг друга. Мы никогда не должны думать, что одна энергия превосходит другую, они должны совпадать в равной степени.

К сожалению, в нашем обществе существует тенденция отдавать предпочтение энергии Ян, считая, что ее характеристики являются наиболее значимыми.

Тем самым мы создаем разделение между духовным и материальным планом, поскольку, уменьшая значение энергии Инь, мы становимся менее рефлексивными, считая, что восприимчивость — это нечто негативное, так как подразумевает хрупкость.

То же самое происходит и с темнотой, мы не только избегаем ее, но и боимся ее. Обе энергии важны.

Мы можем быть духовными существами только тогда, когда существует равновесие между Инь и Ян, потому что вы не только светлые, но и темные. Ошибка заключается в том, что мы ценим и отдаем предпочтение сильному, или действию. Мы должны ценить женское начало и чувствительность, потому что только так мы можем достичь истинного равновесия нашего существа, с позиции любви и твердости.

В знаках китайского зодиака присутствуют энергии Инь и Ян, и именно они определяют характеристики каждого животного и связанные с ними стихии.

Июньская энергия связана с темным, холодным, женским началом, абстракцией, глубиной и Луной. Июньские знаки вдумчивы, чувствительны и любопытны. Это Бык, Кролик, Змея, Коза, Петух и Свинья.

Энергия Ян связана со светом, теплом, поверхностностью, Солнцем и логическим мышлением.

 Это импульсивные, материалистичные знаки. Это Крыса, Тигр, Дракон, Лошадь, Обезьяна и Собака.

Энергии Инь и Ян связаны со стихиями, которые, в свою очередь, будут вытекать из годов, в которые они происходят. Каждый элемент обладает энергией Инь и Ян.

- Годы, оканчивающиеся на цифру **0**, имеют элемент Металл и связаны с энергией Ян.
- Годы, оканчивающиеся на цифру **1**, имеют элемент Металл и связаны с энергией Инь.
- Годы, оканчивающиеся на цифру **2**, **относятся к** стихии Воды и связаны с энергией Ян.

- Годы, оканчивающиеся на цифру **3**, относятся к стихии Воды и связаны с энергией Инь.
- Годы, оканчивающиеся на цифру **4,** имеют элемент Дерево и связаны с энергией Ян.
- Годы, оканчивающиеся на цифру **5,** имеют элемент Дерево и связаны с энергией Инь.
- Годы, оканчивающиеся на цифру **6,** имеют стихию Огня и связаны с энергией Ян.
- Годы, оканчивающиеся на цифру **7,** имеют стихию Огня и связаны с энергией Инь.
- Годы, оканчивающиеся на цифру 8, имеют элемент Земли и связаны с энергией Ян.
- Годы, оканчивающиеся на цифру **9,** имеют элемент Земли и связаны с энергией Инь.

Общие предсказания на год Дракона

10 февраля 2024 года начинается сенсационный Год Зеленого Деревянного Дракона, а согласно китайской астрологии, зеленый цвет символизирует жизнь, перемены и рост.

Ассоциированная планета - Юпитер, планета благоприятная; мы будем пожинать плоды, посеянные в 2023 году.

Год Дракона в 2024 году принесет нам удачу, процветание, благополучие и прогресс. У нас будет много возможностей для роста и трансформации, но также и вызовов, и сложностей, что подчеркнет необходимость прощения, сопереживания и принятия мирных решений.

В годы, когда стихией является дерево, жизнь вознаграждает людей общительных и профессиональных. Получение высшего образования или путешествие — вот некоторые из возможностей этого года.

У нас также будет возможность развить свои лидерские качества, это год новых начинаний и создания структур, которые будут работать в течение длительного времени. Этот год Дракона благоприятен для перемен и роста, поскольку энергия деревянного дракона способна вдохновлять на новаторские идеи и возвышать наше воображение.

Нам предстоит пережить несколько этапов, которые будут полны трудностей, но именно в эти моменты мы должны использовать энергию дракона, чтобы добиться успеха и преодолеть трудности. В течение года не забывайте, что дракон олицетворяет перемены и адаптивность - характеристики, которые помогут нам расти и обновляться.

2024 год будет насыщен возможностями для развития, мы переживем множество политических, экономических, реляционных и экологических конфликтов, что подчеркнет, что мирные решения — это ответ на любую проблему.

Этот год будет стимулировать нас к новым делам и развитию предпринимательства, так как энергия Дракона, его качества смелости и амбициозности будут вдохновлять нас.

 У нас разовьются многие адаптационные способности, а терпение и настойчивость позволят преодолеть все невзгоды и продвинуться к триумфу. Этот год также благоприятен для работы над своим духовным ростом, особенно важно сохранять концентрацию на поставленных целях.

В целом, это будет год позитивных перемен и значительных достижений в нашей жизни, когда мы сможем найти любовь, укрепить отношения, добиться экономического и духовного процветания.

Происхождение китайского гороскопа

Китайский гороскоп — это традиция, насчитывающая более 5000 лет и основанная на лунных годах.

По преданию, Будда позвал всех животных, однако на его зов явились только двенадцать в следующем порядке: крыса, бык, тигр, кролик, дракон, змея, лошадь, коза, обезьяна, петух, собака и свинья.

Каждое животное получало в подарок год, образуя двенадцатилетний цикл, используемый в китайской астрологии. Таким образом, каждый знак имеет название животного, и каждому животному соответствует свой год.

Каждому животному также была присвоена одна из пяти стихий, соответствующих планетарным энергиям:

- Вода (планета Меркурий)
- Металл (планета Венера)
- Огонь (планета Марс)
- Дерево (планета Юпитер)
- Земля (планета Сатурн)

Китайский гороскоп выражает аналогию космических энергий с каждым человеком. Поэтому энергия каждого человека представлена одним из двенадцати животных, образующих эту зодиакальную систему.

Каждое животное и соответствующая ему энергия определяются датой вашего рождения. Эти энергии определяют ваше поведение и восприятие мира. Для китайцев эти знаки символизируют наиболее яркие особенности нашего характера. Чтобы правильно понять значение животных, мы должны рассматривать их как духовные символы.

Китайский гороскоп не основан на солнечном цикле, на котором базируется западный гороскоп. Он основан на циклах Луны. Каждый лунный год имеет двенадцать новолуний, а каждые двенадцать лет - тринадцатое, поэтому новый год никогда не совпадает с датой предыдущего года.

Двенадцать животных китайского гороскопа влияют на жизнь, удачу и волю всех людей. Эти качества не проявляются открыто в повседневной жизни, но они всегда присутствуют, действуя в виде скрытых сил.

Китайский период в двенадцать лет связан с транзитом планеты Юпитер, и каждый китайский лунный год в западной астрологии соответствует продолжительности транзита Юпитера по знаку зодиака. В западной астрологии Юпитер всегда находится в том знаке, который традиционно соответствует животному в китайском гороскопе.

Китайский элемент года 2024. Дерево

Элемент 2024 года - дерево. Дерево - творческий элемент. Если этот элемент соответствует вам по году рождения, то вам следует направить эту энергию в творческое русло. Дерево символизирует сострадание и терпимость. Если вы хотите воспользоваться этими энергиями, важно в течение всего года окружать себя натуральными растениями, цветами и зелеными предметами. Дерево - элемент, связанный со способностью проектировать и принимать решения, поэтому 2024 год будет годом развития, эволюции и расцвета.

Этот элемент связан с пищеварением, дыханием, сердцем и обменом веществ, и в традиционной китайской медицине он гарантирует непрерывный энергетический поток. Применительно к чувствам это означает правильное выражение наших эмоций. В течение 2024 года дерево поможет нам обрести осознание и понимание объективной реальности. Оно принесет нам твердость и эмпатию в отношениях. Дерево, будучи связанным с нашей личностью, принесет нам необходимую дозу энтузиазма, решительности и динамизма, чтобы мы могли действовать и решать все задачи этого года. Дерево — это элемент, который необходим нам в этом году для принятия необходимых решений, для перемен, которые крайне важны. Благодаря этому элементу у нас будут правильные стратегии, способность организовывать и контролировать все процессы, но при этом сохранять гибкость.

Элементы в китайском гороскопе

Металл

Люди, родившиеся в годы, оканчивающиеся на 0 или 1 в китайском гороскопе, относятся к стихии металла. Металл, из которого делают щиты и мечи, - элемент, символизирующий твердость и честность, а также суровость.

Металл - элемент осени, сезона урожая и изобилия. Он двойственен, как и функции его стихии, поскольку в виде меча он ликвидирует, а в виде ложки - питает. Металл происходит из земли, в нем доминирует Огонь, и он преображает дерево.

Личность этих людей, принадлежащих к стихии металла, имеет ярко выраженную амбивалентность. Лучше всего им работается в одиночестве, так как они ни перед кем не отчитываются.

Они целеустремленны, вершат свою судьбу, упрямы, профессиональны и равнодушны к любым попыткам компромисса. Свобода для них превыше всего, и бесполезно пытаться давить на них, а тем более помогать им, потому что они никого не слушают и не приемлют вторжений и препятствий. Они полагаются только на себя и не позволяют никому произвести на себя впечатление, поскольку они сильны и способны совершать великие дела.

Для них не существует трудностей, которые могут их остановить, и даже если ситуация становится несостоятельной, они сопротивляются до конца. Они амбициозны и расчетливы, любят деньги, власть и успех, и не пожалеют средств для достижения своих целей, даже если это будет означать разрыв отношений.

Они предназначены для профессий, позволяющих проявить свою стихию: ювелиры, финансисты, страховщики любого рода, слесари, шахтеры, хирурги, а также для любого контекста, который позволяет им выделиться среди других. Они также могут преуспеть в профессиях, связанных с деревом или бумагой.

Те, кто связан с водой, будут благоприятны, те, кто связан с землей, могут вызвать у них конфликты, а от тех, кто связан с огнем, следует держаться подальше.

Их не интересуют чувства, их не трогают трудности других людей, вплоть до манипулирования ими, если они могут получить преимущество.

Особенно страдают от последствий люди стихии Дерева, поскольку она манипулирует ими и подавляет их лобовой агрессией. Однако люди стихии Воды, поскольку они восприимчивы, получают эффективный толчок, который приносит им огромную пользу. Единственные, кто действительно может их прогнуть, — это представители стихии Огня, так как они с заразительной эмоциональностью доминируют над их бесчувственностью и суровостью.

Физически представителя стихии металла можно узнать по грустному взгляду и анемичному цвету лица. Они хрупки, подвержены стрессам, на них могут влиять перепады температуры и плохое питание.

Поэтому им следует стимулировать аппетит, делая упор на острую пищу.

Наиболее благоприятное время года для них - осень, в это время они могут максимально раскрыть свои потенциальные возможности, но это не значит, что они должны переусердствовать или упрямиться. Ему следует носить белую одежду, использовать в качестве амулетов металлы и белый кварц.

Металл - жесткий и непреклонный, не боится опасности. Это независимый тип человека, который, движимый жадностью, действует настойчиво, концентрируется на успехе, планирует, не приемлет спонтанного. Приняв однажды определенный путь, он его не меняет.

Несмотря на внешнюю невосприимчивость, люди этой стихии излучают магнетизм, который воспринимается всеми, с кем они общаются. Однако, чтобы воспользоваться своими способностями, они должны научиться быть менее догматичными, так как это мешает им в отношениях.

Люди, родившиеся под знаком металла, должны воспитывать себя, чтобы уметь выражать свои эмоции. Если они этого не сделают, то почувствуют, что их энергия уменьшилась.

Земля

Люди, родившиеся в годы, оканчивающиеся на цифры 8 или 9, относятся к стихии Земли. Этой стихии соответствуют такие характеристики, как стойкость, упорство и плодовитость. Хотя в китайской астрологии Земля не имеет собственного сезона, в календаре она связана с последними двумя-тремя неделями других сезонов.

 Земля - стихия, олицетворяющая стабильность и осязаемость, но при избытке она превращает людей в осторожных, подозрительных и упрямых, ограничивая их инициативы и фантазии.

Человек стихии Земли терпелив и скромен, всегда работает с постоянством, не давая себе ни секунды на радость или расстройство. Он никогда не устает и, может быть, как жадным и материалистичным, так и наивным и благоразумным. Самая несомненная его черта - подчеркнутое уныние. Он слишком серьезен, любит планировать и руководить, ужасно боится случайностей, и, хотя он умен и обладает исключительной памятью, ему мешает выглядеть блестяще.

Ненасытно рефлексирующий, амбициозный и тревожный, он, таким образом, подвержен перезарядке селезенки - органа, связанного с этой стихией и ослабленного при резкой психике человека.

Человек, принадлежащий к этой стихии, завязывает личные отношения постепенно, но надолго. Он очень предан и защитник в любви, всегда готов заключить договор и выполнять свои обязанности, и, хотя он не демонстративен в своих эмоциях, является плечом, на которое всегда можно рассчитывать, потому что он будет рядом в те моменты, когда вам это необходимо.

В работе они серьезны и уединены, но при этом организованны и надежны. Это именно те люди, которые ведут дела с моралью, строгостью и несгибаемой честностью. Рассудительность делает их непревзойденными посредниками в решении проблем, способствуя своим практичным и удобным выходам. Они подходят для профессий, требующих сноровки, но не предполагающих инициативы и лидерства.

Хотя ее нелегко переносить из-за капризности, ностальгии и неумения быть жизнерадостной, она хорошо взаимодействует с элементом металла, которому придает стабильность, и с водой, которую ей удается сдерживать и умело управлять.

Обычно он конфликтует с элементом Дерева, который хотя и защищает его, но иногда и душит, а также с Огнем, который подгоняет его в той же мере, в какой и ослабляет.

Элемент земли связан с планетой Сатурн. Вы должны быть невероятно осторожны с потреблением сладостей, которые Вы любите, поскольку они связаны с Вашей стихией.

Им всегда следует выбирать натуральные сладости и ограничивать употребление белого сахара, так как он разрушает кальций в костной системе. Еще одно слабое место - пищеварительная система, которая обычно сильно его наказывает, поэтому следует придерживаться легкой и легкоусвояемой диеты.

Рекомендуется искать прямой контакт с Матерью-Землей, ходить босиком по песку или в поле.

Его счастливый цвет - желтый, а кварц - топаз и цитрин.

Земля олицетворяет богатство, разумность, материализм и безопасность. Эти люди склонны к интроспекции, что обусловливает их высокую способность к рассуждениям. Земля - вместилище жизни, и это накладывает неизгладимую печать на тех, кто родился под влиянием этой стихии, поскольку это стабильные люди, которым можно делегировать полномочия.

Земля питается огнем, вырабатывая огромную энергию, которая нагревает и плавит металл, подчиняет себе воду и поглощает дерево.

Чтобы чувствовать себя хорошо, человеку стихии Земли необходима

материальная обеспеченность, хотя следует отметить, что они трудолюбивы, формальны и организованны. Их можно упрекнуть в претенциозности, но в силу своих достоинств они продвигаются к цели медленно, получая стабильные результаты.

Пожар

Люди, родившиеся в годы, оканчивающиеся на 6 или 7, соответствуют стихии огня. К этой стихии относятся страсть, смелость, лидерство. Стихия огня — это стихия летнего сезона, когда все плодоносит и достигает своего завершения. Она связана с планетой Марс, благотворной, но иногда импульсивной. Она чрезмерно стерильна и символизирует человека, который преуспевает, но при этом плохо обращается с другими. Бойкий, тщеславный, раздражительный, человек этой стихии переходит от гнева к безудержной радости.

С детства он обладает лидерскими качествами, в его жизни присутствует честолюбие, он любит опасности, смех, энтузиазм, конфликты. Трудности, вместо того чтобы обескуражить, побуждают его к действию, и в этих случаях с ним происходят бурные метаморфозы.

Эти люди рождены побеждать, но не умеют этого признать, потому что не умеют наблюдать за собой и использовать свою энергию. Они великолепны в военной сфере, в спорте, в качестве начальников, так как другие гибнут перед их харизмой. Они умеют использовать энергию стихии дерева, ставя ее гений себе на службу, и вызывают у людей стихии земли жизненную смелость двигаться вперед. Люди водной стихии склонны гасить свою страсть, а люди металлической стихии подвергают ее испытанию

жесткостью, истощающей их
энергетическое поле.

Наиболее легко повреждаемым органом у
этих людей является сердце, возможна
тахикардия. Кроме того, они могут
страдать от проблем с ушами и
кишечником. Им следует носить одежду
ярких цветов, среди которых преобладает
красный, и использовать в качестве
амулетов кварц, например гранат или
гематит. Также следует использовать
благовония и свечи.

Эти харизматичные, энергичные и
беспринципные люди хорошо общаются
и нацелены на действие. Их эгоизм и
стремление к успеху не поддаются
исчислению, и они полагаются только на
собственное мнение. Они склонны
пренебрегать деталями, иногда
проявляют упрямство и берутся за
достижение целей, требующих
напряженной работы. Люди, рожденные

под влиянием стихии огня, позитивны, всегда отдают все силы и с любовью и желанием включаются во все дела. Их энергия служит опорой для тех, кому ее не хватает.

Огонь обогревает жилище; он позволяет нам готовить пищу. Эта стихия питает землю через пепел, она питается сухим деревом, то есть древесиной, ее тепло доминирует над металлом, то есть делает его гибким, а доминировать над ним может только вода. Лидер всегда обладает избытком стихии огня и всегда склонен к быстрому принятию решений. Его привлекают нестандартные идеи, он не боится опасности и всегда находится в движении. Ему важно научиться эмоциональному интеллекту, поскольку высокомерие может усилить его эгоизм и сделать неуправляемым, особенно когда он сталкивается с препятствиями. Этот само разрушительный стиль ярко выражен в юности. Успех сопутствует людям огненной стихии, но они должны быть слишком осторожны с нестабильностью и неугомонностью, которые являются наиболее типичными недостатками рожденных под огнем. Лучше овладеть этими недостатками, чтобы не оказаться в их рабстве. Им следует искать тихое место, где они могут быть спокойны, а медитация также принесет им равновесие.

Люди стихии огня упорны и прибыльны.

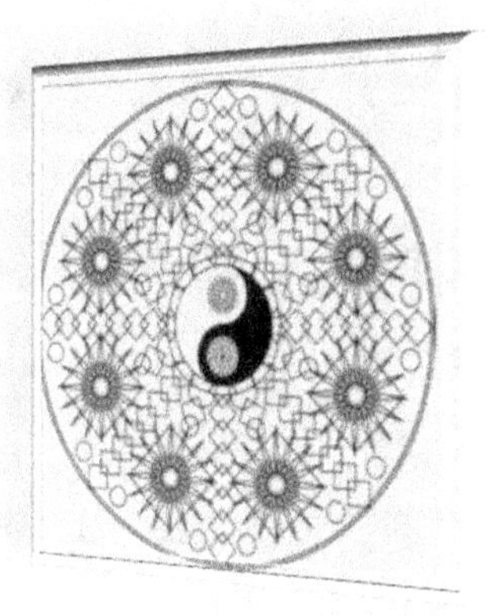

Дерево

Люди, родившиеся в годы, оканчивающиеся на цифры 4 или 5, относятся к стихии дерева. Дерево — это элемент, символизирующий гармонию, красоту и творчество. Они обладают чрезвычайно высокой степенью уверенности в себе и железной волей, что делает их подходящими людьми для борьбы за правое дело.

Дерево связано с планетой Юпитер, это самая благотворная из стихий, символ постоянства и знания.

Приспосабливаемое, оно удобно гнется и имеет множество применений, характеризуя общительных, дающих и честных людей.

Люди стихии дерева творческие и жизнелюбивые, но иногда они разбросаны и не могут найти свой путь и реализовать свои цели. Они доверяют другим до невинности и любят общаться со всеми подряд, постоянно открывая для себя что-то новое и удовлетворяя себя. Их привлекает природа и дети, они отдают предпочтение семье.
Иногда они склонны к неоправданным ожиданиям, имеют привычку принижать свое тело, чрезмерно налегать на еду, увлекаться страстью и чувственностью. Они привыкли выбирать себе в партнеры представителей водной стихии, от которых черпают смелость и поддержку, и представителей огненной стихии, которых они выгодно снабжают своими блестящими идеями.

Он не очень хорошо уживается с металлическим элементом, который безжалостно его разрушает.

Элемент Дерево узнаваем по зеленоватому цвету. Этим людям следует беречь глаза.

Дерево используется для строительства убежищ, поэтому оно защищает нас. Дерево совпадает с творческими способностями воды, и благодаря этому качеству они понимают и помогают другим.

 Рожденные под стихией дерева испытывают внутренние противоречия, заставляющие их подчиняться правилам и традициям, где постоянно действует суровый приговор. Эта стихия питает воду и в то же время является топливом для огня. Ее энергию всасывает земля и подчиняет себе металл.

Люди стихии дерева всегда добиваются больших успехов и обладают желанной структурой. Их призвания многогранны. Они придают огромное значение честности, стремятся найти постоянное место в жизни. Вера в успех и аналитические способности дают им возможность без колебаний решать самые сложные задачи. Обладая невероятной силой убеждения, они работают во многих сферах, поскольку всегда нацелены на развитие и преобразование.

Природная воля помогает им двигаться вперед, они всегда находят поддержку и необходимый капитал, поскольку другие люди рассчитывают на их способность превращать идеи в богатство.

Его главное препятствие - доводить дело до крайности. Гнев и сдерживаемый гнев отрицательно влияют на энергии этого элемента. Нахождение вблизи деревьев и прикосновение к ним уравновешивает стихию дерева.

На работе люди, принадлежащие к стихии дерева, отличаются организованностью, умом и находчивостью. В коммерческой деятельности они более плодотворны, когда работа носит командный характер и хорошо структурирована.

Ни одна сфера деятельности, связанная с их стихией, не является неблагоприятной, но та, что связана с огнем, может повлиять на них, а та, что связана с металлом, погубит их.

Вода

Самый нечувствительный и генетический элемент, аффинный к зиме, долголетию и планете Меркурий, является управителем общения и глубоких привязанностей.

Человек водной стихии чувствителен, но герметичен. Он милосерден, сентиментален, раним, не терпит критики и поэтому предпочитает действовать скрытно, чтобы защитить себя. Он сердечен, красноречив и в то же время благоразумен, умеет преодолевать неудачи без показухи, с помощью хитрости, проницательности и настойчивости. Таким образом, он достигает своих целей косвенно и молча, производя впечатление внимательного и понимающего человека.

Недостаток энергии - проблема для водного элемента, если он не научится уравновешивать свою беспомощность силой, которая приходит от размышлений и общения с самыми глубокими частями своего существа. Паника всегда является путеводной нитью его драматической жизни, часто прожитой в темноте из-за страха проявить себя и вступить в борьбу.

На профессиональном уровне их сдерживает конкуренция, однако они хорошо работают в чистых и защищенных местах, таких как школы, книжные магазины, редакции или любые места, где общение, устное или письменное, является основным механизмом, и в компании мирных коллег, соответствующих их личности, таких как, например, кто-то из стихии

дерева, с которым совпадает стремление к мудрости, или из металла, от которого они получают решение.
И наоборот, он не приспосабливается ни к представителям стихии огня, которых он гасит и отталкивает, ни к людям, принадлежащим к стихии земли, с которыми он чувствует себя ограниченным, обусловленным и затрудненным.

Черный цвет им нравится, но использовать его следует умеренно, поскольку он, как правило, отпугивает их.

То же самое происходит с темными кварцами, притягивающими удачу, такими как джет, оникс, турмалин. Чтобы наилучшим образом использовать свои качества, не впадая в крайности и не распыляясь, человеку водной стихии следует начинать свои планы зимой.

В позитивные периоды любовных отношений представители этой стихии проявляют нежность, уравновешенность и осторожность - потенциалы, позволяющие им вести себя с необходимой проницательностью, чтобы устранять причины конфликтов, когда они возникают.

Они обладают невероятной способностью к рассуждению, хотя их замкнутый, глубокий и пасмурный характер приводит к тому, что они склонны к меланхолии.

Им также присущи неуверенность в себе и дерзость. Творчество - одна из основных характеристик, представляющих эту стихию, а также адаптация, мягкость, милосердие и сочувствие. Без воды на земле не было бы живых существ, эта стихия чиста и кристальна - качества, которыми обладают те, кто принадлежит к этой стихии.

Люди, принадлежащие к этой стихии, приветливы и прекрасно владеют собой. Они обладают оригинальной интуицией, которая позволяет им быстро завоевывать. Выносливость и ясность мышления дают им возможность предсказывать события.

Они могут воспринимать способности других людей, эффективно их использовать, но при этом они сдержанны и не позволяют окружающим заметить, что они их используют.

Злоупотребления натрием или алкалоидами, а также жизненные прототипы, отклоняющиеся от общепринятых структур, очень вредны для людей, рожденных под стихией воды.

Соблюдение режима сна, спокойное психическое и эмоциональное состояние, общение с водой восстанавливают их гармонию и оптимизируют энергетику.

Люди, принадлежащие к знаку водной стихии, могут иметь профессии, связанные с деревом и огнем, и быть успешными, иметь работу, связанную с их собственной стихией, и отказываться от карьеры, функций и работы, связанных с землей, поскольку земля подчиняет себе воду.

Совместимость и несовместимость знаков

Они совместимы:

Крыса - Дракон - Обезьяна.

Они общаются друг с другом через свои личности, которые постоянно активны и дружелюбны. Все трое старательны, нетерпеливы, полны энтузиазма, неугомонны и всегда устремлены к высоким целям. Они полны идей, обладают выдержкой и смелостью, необходимыми для их реализации, и всегда рождают новаторские, неожиданные, удивительные и мощные решения.

Тигр - Лошадь - Собака.

Их объединяет удовлетворение, которое они испытывают при взаимодействии. Их объединяет скромность, достоинство, честность и упрямый альтруизм. Проницательные, проницательные и коммуникабельные, но немного жестокие и строгие, они энергично борются с неравенством, насилием и беззаконием. Эти три знака никогда не продают свою совесть.

Бык - Змея - Петух.

Эти три знака объединяет формальность, разумность и серьезность, которой они добиваются в своей жизни. Энергичные, предприимчивые и неутомимые, негибкие в своих решениях, они любят все переосмыслить и спокойно спланировать, прежде чем брать на себя обязательства, о которых потом придется пожалеть. Их недостаток - холодность, поскольку разум для них должен преобладать над эмоциями.

Кролик - Коза - Свинья.

Три эмоциональных знака, которых объединяет творчество. Инстинктивные, восприимчивые, чувствительные и замкнутые, они легко приспосабливаются к среде обитания и, будучи хорошими добытчиками, не прочь зависеть от других. Их ежедневные аффирмации всегда содержат в себе слова: совершенство, союз, соответствие.

Примечание: Противоположные знаки - враги:

Крыса - Лошадь

Бык - Коза

Тигр - Обезьяна

Кролик - Петух

Дракон - собака

Змея - Свинья.

Бык

Характеристики

Овцы - покладистые и спокойные животные. Они ценят работу, но не настолько, чтобы тратить на нее весь день. Они с удовольствием проводят свободное время и всегда находят, чем увлечься.

Это люди вежливые, и общение с ними проходит гладко и приятно. Однако он не любит споров и предпочитает быть правым, а не провоцировать конфликт. В большинстве случаев он не возражает против попустительства, хотя есть вероятность, что однажды он взорвется и шокирует всех своим неправильным поведением.

Он не любит ввязываться в конфликты и предпочитает удобную, постоянную и стабильную работу, даже если она плохо оплачивается, так как стресс от более высокооплачиваемой работы он не переносит.

Он никогда не бросает начатое дело на полпути, даже если для его завершения приходится тратить больше времени. Хотя они не любят спорить, им нравится приказывать и быть уважаемыми, поэтому мы, скорее всего, увидим Бакана на руководящих должностях. С ними приятно и комфортно иметь дело, если их не раздражать.

В нерабочее время они ласковы и никогда не обижают тех, с кем живут. Если они могут заниматься своими делами, и никто не сует нос в их дела, то сосуществование будет прекрасным.

В любви они ревнивы, поэтому нужно быть осторожным, чтобы не омрачить их покой. Они верны и требуют того же от своего партнера. Они чувственные любовники, и сосуществование с Бык хорошо, если понимать, что все, что он инициирует, делается с добрыми намерениями.

Люди, которые любят расспрашивать о прошлом своего партнера и хотят манипулировать, не подходят для отношений с Бык, так как он любит покой и не любит сообщать о вещах из своего прошлого.

Бык знает, что если все делать правильно, то можно добиться прочного успеха. Он не верит в судьбу и удачу и добивается своих целей благодаря упрямству и упорному труду. Ему можно доверять, так как он выполняет то, что обещает.

Мнение других людей для него не имеет значения. Он всегда отдается душой и телом тому, что должен сделать, и никогда ничего не оставляет наполовину сделанным.

Он не любитель подробностей, не ждите от него стихов или песен, потому что его подарки всегда будут простыми и без презумпций.

 Будучи столь традиционными, они склонны к длительным отношениям, поскольку им требуется время для достижения доверительных отношений. Они флегматичны к переменам и проявлению своих истинных эмоций.

Никогда не презирайте Быка - он на вес золота, к тому же его разум способен надолго сохранить все подробности унижения.

Бык ненавидит быть в долгу, он всегда заплатит то, что ему должны, и для него непростительно не быть благодарным. Из его уст вы никогда не услышите слов благодарности, так как он считает, что поступки говорят громче слов.

Вы должны быть невероятно осторожны с терпимостью Быка, потому что, когда он теряет терпение, он не рассуждает, хотя это случается крайне редко.

В своем негативном проявлении Бык узок, не обращает внимания на других, хотя все уважают и восхищаются его искренностью, незыблемостью ценностей.

Приветливый характер делает его архитектором большого бизнеса, ведь он всегда примет все меры предосторожности, чтобы в его семье не было недостатка в благополучии.

Его жизнь вращается вокруг дома и работы, поэтому он предпочитает просчитанные, долгосрочные риски.

Поскольку он человек умеренных привычек, неуверенность в себе его не устраивает. Петух - идеальный партнер для него. Оба они сильны и трудолюбивы.

Отношения с Крысой или Змеей также будут благоприятными, так как и та, и другая будут сильно увлечены Бык.

Он не очень хорошо чувствует себя в компании Козы, Тигра или Собаки, так как они отталкивают его излишним формализмом.

Бык

Деревянный Бык

Люди, родившиеся под знаком Деревянного Акса, нетерпеливы и всегда готовы встать на защиту беззащитных. Они могут самоотверженно заботиться о своих друзьях в трудные времена.

Ничто не мешает им преподносить лесть, а благодаря своему прямолинейному характеру они наживают много врагов. Свободолюбивый и независимый, он не выносит долгого заточения, и друзья и близкие должны уважать его потребность в свободе передвижения.

Неизлечимый оптимист, он много мечтает и надеется на будущее, постоянно стремится к какой-то цели.

Он очень верит в жизнь и уверен в своих силах, и неудачи не сломят его дух. Он всегда восстанавливается после разочарований, часто с новой мечтой или проектом.

У него игривое и спортивное отношение к жизни, философское отношение к собственным ошибкам. Он чувствует тенденции будущего, умеет проецировать общую картину, любит теоретизировать и строить догадки.

Поскольку она не воспринимает себя слишком серьезно, то часто не осознает, как сильно могут ранить ее откровенные высказывания.

На самом деле, хотя он может этого и не осознавать, его бесчувственность и непонимание чувств других людей - один из самых страшных его недостатков.

Обладает хорошей умственной концентрацией и способностью погружаться в работу. По-видимому, знает все на инстинктивном, невербальном уровне и предпочитает учиться не по книгам или лекциям, а на непосредственном опыте или в процессе ученичества.

Водяной Бык

Этот Бык очень скрытен. Никому не доверяет свои деловые планы, чтобы не мешать их реализации. Умеет предсказывать ход событий, чтобы избежать срывов и проблем.

Поскольку эти качества дополняются исключительной честностью, умением четко выражать свои мысли и общительностью, эти Баканы бесценны в политике и общественной деятельности.

Как правило, люди, родившиеся в год Водяного Акса, любят жен и боготворят детей.

Вдумчивый, практичный и непомерно амбициозный Водяной Бык

демонстрирует тонкий ум и строгие принципы. Он использует вещи по назначению и просчитывает каждый свой шаг. Он всегда знает, чем себя занять и как организовать свою деятельность.

По сравнению с другими типами этот Бык более умен и гибок. Он готов принять рекомендации, но редко соглашается что-то менять или применять неудобные методы работы или проведения досуга. Но он не будет возмущаться, если ему посоветуют немного изменить свою тактику, особенно если он считает, что это приведет его к достижению цели.

Он озабочен своим социальным статусом и безопасностью, в большинстве случаев соблюдает закон и порядок во всем, за что берется.

Он будет вносить свой вклад в общее дело, хорошо взаимодействуя со всеми. Он легко управляет своей жизнью, если, конечно, не слишком слаб или не требует слишком многого от жизни и других людей.

Он может концентрироваться на нескольких целях одновременно и пробивать все контраргументы со свойственным ему спокойствием, внимательностью и несокрушимой твердостью.

Интимная жизнь складывается у этого Быка непросто, и он может показаться холодным или бесчувственным из-за своей крайней осторожности и эмоциональной сдержанности. Из-за разлуки или болезненных отношений в раннем возрасте он изначально не доверяет другим людям, и ему требуется много времени, чтобы снять свои барьеры.

Вам кажется, что у вас мало друзей или людей, которые вас ценят.

Ему необходимо научиться больше ценить и любить себя, а также научиться более открыто выражать свою признательность другим.

Earth Бык

Земляные Баканы благородны и рассудительны, обладают высоким чувством ответственности, что отличает их от других Осканов. Они придают большое значение сбалансированному распределению благ при оказании помощи другим.

Они точно оценивают себя, осознавая как свои достоинства, так и недостатки. Они никогда не дают напрасных обещаний и не действуют сверх своих возможностей. Они стремятся выполнять свои обещания и добиваются успеха.

Они благодарны за оказанные услуги, умеют организовать и эффективно управлять своей работой. Они осторожны, уверены, что всегда добьются успеха с помощью своих друзей.

Земляной Бык бережлив и рассудителен. Он старается достичь максимального вознаграждения в своей работе, умея схитрить, чтобы не проиграть.

 Он не ограничивает себя в том, чтобы говорить правду лично, за что им восхищаются. К нему обращаются, потому что знают: когда Бык говорит, это значит, что у него есть разумное предложение. Обычно этот Бык нуждается в сопровождении отношений, которые помогут ему быть более приветливым.

Этот Бык упрям, но чуть менее креативен, чем другие Бакены, будучи преданным своей мечте.

Он с раннего возраста рефлексирует по поводу своей неполноценности и ограничений. Он добьется успеха в любом деле, которое выберет, так как он опытный человек и готов платить за победу. Он спонтанно делится с окружающими и помогает своим друзьям.

Хотя он сентиментально сух и бесчувственен, но в целом умеет искренне любить и очень предан своим близким. Он упорно борется за совершенствование своей жизни, а если и огорчается, то никогда не жалуется.

Способность концентрироваться и принимать решения позволяет Земному Быку парить высоко и не поддаваться никаким препятствиям.

Он самый медленный, но самый убедительный из всех Бакенов.

Огненный Бык

Лица, относящиеся к Огненному Быку, мелочны и обладают узким мышлением.

Им благоприятствует обладание знаниями, но они чувствительны к раздражителям из внешнего мира из-за отсутствия навыков принятия решений.

Все это проявляется в их жизни: чаще всего они часто расходятся или разводятся.

Они очень строги с партнерами, их любовь легко возникает и исчезает, поэтому им очень удобно общаться с коммуникабельными и динамичными людьми.

Только люди знака Крысы - Воды могут поддерживать с ними длительные романтические отношения.

Этот Бык - воин, для него не существует препятствий и невозможных путей. Скорость - одно из его самых выдающихся качеств, а точное и эффективное выполнение всех задач ставит его на первое место. Его менталитет, напористость и скромность делают его эффективным проводником.

У него нет бесконечного количества друзей, но те немногие, которые у него есть, он посвящает им свою жизнь.

Этому Огненному Быку следует научиться прислушиваться к мнению членов своей семьи, потому что они всегда дадут ему умный совет.

Эти Бакены иногда бывают импульсивны, их больше волнует власть, чем другие вещи.

Огонь повышает способность Быка контролировать себя и формировать решительное поведение.

Этот Бык может быть более энергичным и тщеславным, чем другие Бык, за исключением Металлического Быка, который часто преобладает по этим характеристикам над Огненным Бык.

Огненный Бык эгоистичен и часто подвержен бреду.

Металлический Бык

Представители стихии металла Бык пользуются большим уважением благодаря прекрасным взаимоотношениям. Они преуспевают и выделяются с ранних лет, комфортно живут в среднем возрасте и наслаждаются приятной жизнью в старости.

Они должны быть осторожны и не встречаться с теми, кто помолвлен или состоит в любовном треугольнике. Те, кто уже помолвлен, должны научиться уважать друг друга, иначе их ждут трудности в браке, например, третья сторона, которая может помешать отношениям.

У этого металлического Быка жесткий характер, ничто и никто не может заставить его свернуть с того пути, который он считает правильным. Он никогда не действует напрасно и всегда добивается нужного результата во всем, что задумал.

Металлические Овны - самые приветливые из всех Овнов, они любят общаться с друзьями, отдыхать и расслабляться. Они хорошо относятся к своей семье и обеспечивают ей достойную жизнь. Если бы этот Бык не был таким эгоистичным, он бы быстрее продвигался по карьерной лестнице.

Этот Металлический Бык часто не согласен со всеми, кто не согласен с ним, включая начальство, и любой, кто осмелится критиковать его, очень остро почувствует на себе удар его гнева.

Хотя по своей природе этот Бык не отличается утонченностью, он может любить искусство, музыку, быть дисциплинированным.

Он обладает высочайшим чувством ответственности, и вы можете поверить ему на слово, потому что он не тратит слова ради слова.

Иногда он пытается наехать на предметы, и это может стать опасным.

Один только Metal Бык выглядит как целая армия людей, когда делает вид, что добивается успеха.

2024. Предсказания для Бык

В год Дракона Волы будут чувствовать себя полными сил, но им следует быть осторожными, так как этот год несет очень глубокие перемены, положительные воздействия, но в то же время и непростые.

Бык - высоко этичная и целеустремленная личность, эти качества будут усиливаться и придавать ему дополнительную настойчивость. Они будут готовы принять любой вызов и идти к своей цели с несокрушимой волей.

Этот год Дракона предоставит Бык много возможностей для профессионального успеха. Они получат признание в своих профессиональных начинаниях, их готовность, терпимость и уровень самоотдачи наконец-то будут вознаграждены.

Создание сети контактов может помочь им в профессиональном развитии, и даже если их рабочие обязанности увеличатся, они смогут с энтузиазмом двигаться вперед. Энергия Дракона будет направлять Бык и подсказывать ему стратегии, позволяющие стать более процветающим, однако ему необходимо инвестировать и управлять своими финансами. Хотя Бык финансово ответственен, и год Дракона предоставит ему возможности для процветания, ему крайне важно научиться управлять своими финансами и избегать ненужного риска.

Волу следует помнить, что все вызовы предназначены для того, чтобы оценить ваше терпение и способность к адаптации; эти вызовы - возможность для личностного роста и развития. Дракон не собирается вкладывать деньги прямо в ваши руки. Речь идет о том, что вы найдете возможности для инвестиций и, сделав правильный выбор, добьетесь процветания.

Если у вас нет партнера, наберитесь терпения, возможности есть, но вы также найдете и конкуренцию. Ваш шанс найти любовь может быть скрыт в кругу ваших друзей.

Самое интересное, что вероятность найти партнера выше, если вы не будете так усердно искать. Скорее всего, вы встретитесь с кем-то случайно, а не в романтической обстановке.

Если вы находитесь в отношениях, необходимо не допустить, чтобы любовь превратилась в рутину, а для этого придется приложить усилия, проявить терпимость и терпение. Стресс на работе и семейные конфликты могут спровоцировать ссоры, которые отдалят Вас от партнера. Общение особенно важно, а зрелость является основополагающим фактором.

В случае возникновения спора или судебного разбирательства обе стороны понесут значительные убытки. Разумнее всего искать пути примирения с другой стороной, чтобы избежать значительных денежных потерь.

В год Дракона у вас будет хорошее здоровье и энергия. Они будут страдать от бессонницы только из-за стресса, поэтому желательно найти способ расслабиться.

Если вы будете лучше ориентироваться в своих эмоциях, это поможет вам развиваться в этом году. Занимайтесь спортом по мере возможности и следите за своим питанием. Если Вы будете придерживаться здорового питания, то год будет для Вас удачным.

Оформление дома в соответствии с требованиями фэн-шуй

Фэн-шу — это китайская философия, изучающая окружающую среду, основанная на теории июнь и я и пяти стихий.

Специалисты показали, что в древнем Китае регулярно выбирали участки на территориях, окруженных горами и имеющих реку. Это происходило не только потому, что такие территории обеспечивали главные критерии выживания, но и для того, чтобы соответствовать закономерностям, установленным Фэн-шуй.

Основная идея фэн-шуй - достижение равновесия между человеком и Вселенной. Если есть хорошие энергии, то есть и баланс, поскольку Фэн-Шуй влияет на судьбу каждого человека.

Изучая фэн-шуй, человек может работать над своей совместимостью с природой, окружающей средой и своей жизнью, чтобы достичь большего процветания и здоровья в жизни.

Теория пяти элементов

Теория пяти элементов является одной из составляющих Фэн-Шуй. Эти элементы играют важную роль в определении правильного Фэн-Шуй в каждом помещении. Этими элементами являются Огонь, Земля, Металл, Вода и Дерево, и каждый из них имеет свою специфику, символизирующую определенные аспекты жизни.

Пять элементов — это выражение, используемое в фэн-шуй для объяснения структуры природы. Эти элементы действуют совместно и должны быть всегда сбалансированы.

Фэн-шуй для двенадцати знаков китайского гороскопа

Знак Крысы

Вода благоприятствует людям, родившимся под знаком Крысы, она помогает им обрести благополучие. Чтобы добиться изобилия, им следует поставить аквариум с золотыми рыбками в северной части офиса.

Знак Быка

Люди этого знака достигнут процветания, если будут использовать стихию Огня. Для этого им следует разместить фарфоровые или керамические изделия на своих предприятиях или в офисах, а также в своих домах.

Знак Тигра

Стихия земли — это то, что следует использовать людям, принадлежащим к знаку Тигра. Им следует добавить что-то соответствующее, символизирующее стихию земли. Горшечное растение или естественно растущий цветок могут принести в их жизнь процветание.

Знак Кролика

Для удачи и привлечения изобилия людям знака Кролика необходим тайный элемент земли в их жизни. Для этого следует спрятать нефрит или цитрусовый кварц в северо-восточной части дома или офиса.

Знак дракона

Северо-Запад отлично подходит для тех, кто родился под знаком Дракона. В этом направлении им следует поставить чашу с чистой водой, смешанной с небольшим количеством земли. Другой вариант - поместить в чашу цветок лотоса.

Знак Змеи

Процветание придет в жизнь людей, принадлежащих к знаку Змеи, если они будут использовать в своем доме или офисе металлические предметы, в частности золото и серебро.

Знак Лошади

Северо-запад - рекомендуемое положение для людей знака Лошади, чтобы получить большой капитал. Им следует поместить металлическую лягушку на северо-западе своего дома или предприятия.

Знак Козы

Север - соответствующая кардинальная точка для людей, родившихся под знаком Козы. В северной части офиса или дома им следует поставить небольшую деревянную шкатулку или другой деревянный предмет. Если используется деревянная шкатулка, то в нее следует положить предмет, связанный с их профессией. Например, писатель может положить в коробку карандаш.

Знак обезьяны

Для того чтобы в жизнь людей, родившихся под знаком Обезьяны, пришло благополучие, им следует поставить растение своего размера или больше в этой кардинальной точке на западной стороне дома или предприятия.

Знак петуха

Удача придет в жизнь тех, кто принадлежит к знаку Петуха, если они положат несколько семян в стакан, бутылку или чашу темно-красного цвета. При этом не следует использовать металл.

Знак "Собака

Людям, принадлежащим к знаку Собаки, следует отказаться от элементов Воды и Земли в своей жизни. Они могут поставить в своем офисе или доме поленья или ветки растений, но нельзя ставить их в Воду или Землю.

Знак Свиньи

Людям, родившимся под знаком Свиньи, для привлечения удачи необходим элемент Огня в их жизни. Они могут поставить в своем домашнем кабинете керамический поднос или другие предметы из глины. Для отделки керамические изделия пропускают через огонь.

Фэн-шуй 2024

В этот год Дракона следует носить браслеты или браслеты из жемчуга.

Амулет с фигуркой Дракона или куранты с кристаллами "Фэн-шуй удачи" следует поместить на юго-востоке дома или в семейной зоне спальни, кабинета.

Не забудьте украсить свой дом зелеными растениями, натуральными цветами разнообразных расцветок, фотографиями, картинами или изображениями, характеризующими пейзажи и сады.

Также следует использовать деревянные украшения и не размещать фотографии умерших членов семьи рядом с текущими семейными фотографиями, так как вибрации этих фотографий несут боль и отнимают у вас энергию.

Китайский Новый год имеет множество традиций, связанных с прощанием со старым и началом нового. Одна из традиций, которую мы рекомендуем соблюдать, - не готовить на домашней кухне в первый день китайского Нового года по лунному календарю, так как доставать острые инструменты, например ножи, привлекает дурную примету. Это может лишить удачи на весь оставшийся год.

Первые 15 дней китайцы празднуют Новый год, и, хотя иногда на это действительно не хватает времени, желательно подготовиться заранее.

Если вы успеете подготовиться заранее, это поможет вам привлечь благополучие. В этом году за два дня до наступления китайского Нового года, т. е. в четверг, 8 февраля 2024 г., начните делать глубокую уборку в своем доме. Не забывайте, что уборка в первый день Нового года считается плохой приметой, так как вы выметете всю свою удачу через парадную дверь.

В ночь перед китайским Новым годом, в пятницу, 9 февраля 2024 года, спланируйте и запишите все свои цели на год, если вы не сделали этого 1 января.

Запишите абсолютно все свои желания после Новолуния в пятницу 02.09.2024 в 5:58 вечера по восточному времени. Какие цели Вы хотите достичь в своей профессиональной деятельности, в сфере финансов, в любовной и семейной жизни? Напишите список для каждой сферы вашей жизни, которую вы хотите улучшить.

Если у вас есть возможность приобрести деревянный сундучок, то это будет идеальным вариантом, поскольку в него можно положить список желаний, а также пиритовый кварц и цитрин - камни, привлекающие процветание и изобилие. В сундучок следует положить три китайские монеты, поскольку они являются традиционными символами изобилия.

Все, что вы положите в этот сундучок, будет защищать ваши желания и усиливать энергию процветания. Хранить сундучок следует в специальном безопасном месте, лучше всего на возвышенности, так как в этом случае вы сможете притягивать положительные энергии, находясь на видном месте.

Не забудьте надеть новую одежду, потому что она символизирует новые энергии, которые вы хотите привлечь в свою жизнь. Вам следует надеть какие-нибудь детали красного цвета.

В частности, в Новый год постарайтесь не расстраиваться, по возможности возьмите выходной, чтобы не волноваться из-за пробок и забот. Не забудьте зайти на рынок и купить пакет апельсинов, так как это символизирует приход благополучия в ваш дом в новом году.

Советы на 2024 год

Этот год благоприятен для личностного роста, поэтому следует использовать открывающиеся возможности и не только развивать свои навыки, но и осваивать новые.

Все, что вы делаете в 2024 году, — это инвестиции в ваше будущее. Это будет очень напряженный год, но его энергия обнадеживает, потому что год Дракона даст вам возможность добиться успеха. Однако для того, чтобы получить выгоду, необходимо изучить все имеющиеся варианты и проанализировать все возможности.

Вы должны быть внимательны и готовы выслушать все советы и помощь. При наличии силы воли и инициативы перед вами откроются новые двери.

В этот год Дракона предстоит многому научиться, но если вы примете вызов, то сможете не только продвинуться в своей профессии и увеличить доход, но и приобрести ценный опыт.

В год Дракона вы не только получите большую финансовую выгоду, но и, благодаря своей предприимчивости, найдете хобби, которое принесет вам благополучие.

Однако необходимо соблюдать дисциплину в расходовании средств и тщательно составлять бюджет, особенно если вы участвуете в исключительно крупных сделках.

Если в течение года вам придется подписывать контракты или заключать важные соглашения, необходимо проверить условия и все последствия.

Чтобы добиться наилучших результатов, необходимо вести сбалансированный образ жизни, заниматься спортом, соблюдать режим сна и правильно питаться. Вам будет полезно завести новых друзей.

В год Дракона жизнь может вести себя загадочно и притягивать удачные события, которые откроют перед вами множество возможностей. Шанс играет ключевую роль в вашей жизни в этом году, трансформируя ваше экономическое положение. После мая будет наблюдаться повышенная социальная активность, и Вы сможете получить массу удовольствия.

Это будет плодотворный год, в котором предстоит принимать решения, совершать покупки и наслаждаться удовольствиями. Те, у кого есть партнер, поймут, что, объединившись, они добиваются больших успехов.

Это год, когда способность воспринимать возможности принесет много пользы, Год Дракона обладает огромным потенциалом, поэтому будьте открыты для возможностей и готовы к переменам и адаптации. Год Дракона вознаградит предпринимателей.

Это год, когда Бык должен сохранять равновесие и отпустить весь багаж, главное - отказаться от желания все контролировать.

Постарайтесь создать распорядок дня, чтобы не сбиться с пути и избежать подводных камней. Не пренебрегайте семейной жизнью, если вы не будете слишком горды и эгоцентричны, у вас будет возможность преодолеть все препятствия. На горизонте маячат новые проекты, которые пробудят в Вас страсть и сделают Вас очень процветающим человеком.

Вы должны внимательно относиться к своим слабостям и уважать себя, сохраняя границы дозволенного. Остерегайтесь зависти к успехам других. В этом году мы говорим о том, что нужно любить себя, сохранять четкую идентичность и не отвлекаться.

Это особенно важный для Вас год, в котором Вы сможете определить свои приоритеты для достижения успеха.

Если Вы готовы принять новые вызовы, то этот год будет для Вас удачным. Вы будете хорошо чувствовать направление энергий года и сможете использовать возможности и вызовы, возникающие на этом пути.

Благодаря вашему интеллекту ваши доходы будут расти, но вы должны быть невероятно осторожны, чтобы не перерасходовать средства.

В течение всего года Вы будете очень заняты, и это может привести к переутомлению и напряжению.

Ваши личные отношения могут быть ослаблены работой. Избегайте собственничества. Будьте гибкими и доступными. Доверяйте тому, чего желает Ваша душа.

Сочетание знаков Зодиака с китайским гороскопом

Если объединить восточные и западные гороскопы, то поразительно, насколько они связаны и точны.

Китайский и западный гороскопы являются наиболее используемыми гороскопами. Если у вас есть возможность глубоко разобраться в них, то это облегчит вам их использование и централизованный подход.

Оба гороскопа основаны на положении звезд, но в китайском гороскопе используется 28 созвездий, а в западном - 88. Китайский гороскоп основан на 12 животных, которые управляют каждым годом, а западный - на 12 знаках, которые управляют каждым месяцем.

Китайский гороскоп основан на лунном календаре и является самым древним из известных на сегодняшний день гороскопов. Ваш знак зодиака совпадает с вашим знаком в китайском гороскопе, но это случается нечасто. Если бы это было так, то предсказания были бы более точными.

 Между знаками обоих гороскопов существует эквивалентность:

Овен/Дракон, Телец/Змея, Близнецы/Лошадь, Рак/Коза, Лев/Обезьяна, Дева/Петух, Весы/Собака, Скорпион/Свинья, Стрелец/Крыса, Козерог/Ось, Водолей/Тигр и Рыбы/Кролик.

Комбинации

Бык

Овен/Бык

В результате такого сочетания получаются очень упрямые люди. Овен повышает их уверенность в себе, формируя жесткую личность. Эти люди тщеславны и самодовольны. Они не любят уважать авторитеты, а иногда с ними лучше даже не вступать в дискуссию, потому что они любят побеждать, несмотря ни на что.

Это решительные и рассудительные люди, они просчитывают каждый свой шаг, потому что обладают Быке тарной уверенностью. Они очень эмоциональные существа, поэтому большинство их поступков обусловлено обстоятельствами.

Телец/Бык

При таком сочетании на поверхность выходят наиболее положительные качества каждого знака, порождая упорных и упрямых людей. Они обладают уверенностью в себе и не капризны. Они никогда не меняют своего мнения, не вероломны, приветливы с окружающими и верны. Можно сказать, что у них нет недостатков, кроме некоторого упрямства. Их не останавливают жизненные препятствия, потому что они знают, что каждый день — это возможность начать все сначала.

Близнецы/Бык

В результате такого сочетания получается человек, полный жизненных сил и энергии, всегда радующийся жизни в этом мире. Они обладают богатым воображением, умеют решать насущные проблемы. Их отличает физическая выносливость, для них нет невыполнимой миссии, нет стен, которые они не смогли бы разрушить. Самые тяжелые испытания не сломят их волю. Они всегда жизнерадостны, и поэтому у них много друзей, которые ценят их за хорошее настроение и позитивную ауру.

Рак/Бык

Сочетание этих двух знаков порождает редкий темперамент с некоторыми противоречиями. Они не решительны, но очень спокойны. Они делают все возможное, чтобы остаться незамеченными, и предпочитают наблюдать издалека за неожиданностями, а не действовать.

Они мечтательны и безобидны. У них очень острая интуиция, и они умеренно ценят свои способности. Они могут быть высокоорганизованными, и поэтому их жизнь успешна.

Лев/Бык

Смешение этих двух знаков приводит к появлению гордых людей, мечтающих о постоянной известности. Эти люди ведут себя с достоинством, не любят, когда их обманывают или обманывают. У них есть принципы и ценности, поэтому они завоевывают симпатии окружающих. Они веселы и обаятельны, но высокомерны и эгоистичны. Они стоически отстаивают свою точку зрения и всегда находят тактичный способ победить.

Они великолепно сочетают вежливость с уверенностью в себе, чтобы добиться желаемого, и поэтому окружают себя спокойными людьми, готовыми признать их авторитет.

Дева/Бык

Такое сочетание приводит к появлению целенаправленных и ответственных людей.

Они упрямы, но общительны и сдержанно осторожны. Они не трусы, и это те люди, которые всегда придут на помощь в любых обстоятельствах. Это тщеславные люди, и им всегда удается найти то место, которое им принадлежит в этой жизни.

Весы/Бык

Люди с таким сочетанием мудры и никогда не примут решения, если у них все не продумано и не просчитано.

Они предпочитают действовать медленно, но уверенными шагами. Сила Быка дает Весам уверенность в себе, чтобы они не пали духом перед лицом сомнений. В то же время Весы сглаживают упрямство Быка и его стремление контролировать всех и вся.

Вы всегда увидите их очень спокойными, а также очень вежливыми. Они стараются угодить всем и оказать услугу тем, кто в ней нуждается.

Скорпион/Бык

Это сочетание дает независимых и смелых людей. Они никогда не просят совета или помощи.

Упорство Скорпиона в сочетании с бесстрашием Быка придают этим людям удивительную силу и мощь. Удача всегда благоволит этим людям, которые умеют использовать любую возможность.

Они обладают сильной интуицией, и, хотя их нельзя назвать самыми вежливыми, они могут проявить доброту, когда это необходимо.

Стрелец / Бык

Люди с таким сочетанием очень веселы в общении, всегда готовы выслушать и помочь. Серьезный темперамент Быка уравновешивает авантюрный характер Стрельца, рождая небезрассудные личности. Они спокойны, а их самооценка неизменна.

Круг его друзей крайне ограничен, он ненавидит конфликты и скандалы.

Козерог/Бык

Сочетание этих знаков дает людей, одержимых своей профессией и успехом. Они могут быть бесчувственными и эгоистичными, поскольку единственное, на чем они сосредоточены, — это известность и признание. Они упрямы, самоотверженны и планируют свою жизнь до мелочей. Они не любят, когда кто-то вмешивается в их жизнь, и им не нравится, когда вы высказываете свое мнение или даете совет.

Они настолько уверены в себе, что никогда не прислушиваются к критике, даже если она конструктивна.

Водолей/Бык

Это сочетание дает людей с оптимистическим настроем. Они любят путешествовать, и когда вы находитесь рядом с ними, все кажется очень мирным. Они честны и преданны, обладают сверх творческим воображением. Они легко перемещаются в этом мире, не обращая внимания на любые препятствия и проблемы, возникающие на их пути.

Они идут по жизни легко, не обращая внимания на проблемы и трудности. Они живут в мире фантазий, а когда срываются с облака, то сталкиваются с порой неприятной реальностью. Тем не менее они обладают твердым характером и с честью выдерживают все кризисы.

Рыбы/Бык

Люди с таким сочетанием легко разрешают любые конфликты.

Несмотря на свою застенчивость, они всегда находят силы для преодоления своих слабостей. Они умелые, отзывчивые и верные. Их доброта не знает границ. Они честны с окружающими и не умеют притворяться.

Но это не значит, что они не умеют защищаться: если вам доведется обидеть их, будьте готовы к последствиям.

Ритуалы начала китайского Нового года 2024

Китайский Новый год следует встречать с радостью, музыкой и великолепной семейной трапезой. Это время празднования и сосредоточения на удаче и процветании в наступающем году.

Вы должны надеть новую одежду, потому что это символизирует новое начало.

Для этого дня хорошо подходит резонансный цвет, например красный, который символизирует гармонию, удачу и благополучие.

В ожидании Нового года избегайте носить белое или черное, так как именно эти цвета обычно надевают на похороны.

Проведение уборки для подготовки к китайскому Новому году в виде ритуала является полезным. Такая уборка призвана отогнать злых духов, которые могут прятаться в углах дома.

Обычно люди меняют мебель или переставляют ее, подкрашивают краску в доме, ремонтируют поврежденные участки, моют окна большим количеством воды.

Ритуалы энергетического очищения

Вечером того же дня, перед началом нового года, следует сделать уборку в доме, открыть все окна для проветривания, расставить белые и красные цветы во всех местах общего пользования.

Конкретно у входа следует разместить благовония корицы, сандала, эвкалипта, лаванды или сжечь лавровый лист. Лавр - растение, способное защищать, очищать и исцелять. Еще один способ привлечь в дом положительные энергии - сочетание корицы с лавровым листом. Сожгите лавровые листья и посыпьте их порошком корицы. Когда эта смесь будет зажжена, распустите дым по всем комнатам дома.

Необходимо хорошо окурить дом. Сахара — это действие по созданию дыма, с помощью благовоний, для ароматизации окружающей среды, а также для использования его в качестве инструмента очищения и взыскания.

Их особенность заключается в том, что они издают приятный аромат, который, как утверждается, обладает расслабляющими свойствами.

Многие люди используют благовония для изменения энергетических вибраций своего дома.

Если у вас есть благовоние, которое вы собираетесь передавать по дому, не забывайте делать круговые движения вправо.

Если вы намерены очистить личный участок, то начинать следует с собственного тела, начиная с ног и заканчивая головой, а затем возвращаться к сердцу, делая при этом легкие круги.

Поскольку это год Зеленого Деревянного Дракона, желательно иметь в своем доме пару деревянных драконов. Если у вас нет такой возможности, можно символизировать его изображениями, портретами или фигурками.

Еще одна рекомендация для 2024 года - покрасить некоторые стены своего дома в зеленый цвет.

Этот цвет символизирует процветание в текущем году. Не перенасыщайте свой дом зеленым цветом, помните о необходимости соблюдать баланс. Если вы переборщите с зеленым цветом, то привлечете в свою жизнь стресс.

Альтернатива или вариант - носить его с собой, в виде браслета, серег-подвески, маятника, шпалы, на кольце, брелоке или талисмане в кармане или сумочке, это сформирует ассоциацию богатства, укрытия и удачи в вашей жизни, доме или офисе.

Если вы сможете приобрести некоторые растения, такие как лаванда, рута или денежное растение, которые обладают способностью генерировать изобилие, а также способностью уходить и транс мутировать плохие вибрации, то вы не пожалеете об этом.

Поскольку вода - элемент, дополняющий дерево, фонтан у входа в дом будет привлекать благополучие. Не забывайте, что вода должна течь внутрь.

 Размещение фонтана в зоне богатства вашего дома, расположенной с левой стороны, сзади, если смотреть от входной двери, принесет вам много материальных выгод.

Наряду с зеленым, красный цвет является счастливым для 2024 года, его следует использовать в своем доме, чтобы активизировать энергию удачи. Вы можете носить красный цвет на одежде или с каким-либо другим предметом, например шарфом, шапкой или браслетом, чтобы привлечь деньги.

Китайский Новый год следует встречать с радостью, музыкой и великолепной семейной трапезой. Это время для празднования и сосредоточения на удаче и процветании в наступающем году. Следует **надеть** новую одежду, поскольку это символизирует новое начало. В этот день хорошо использовать резонансный цвет, например красный, который символизирует гармонию, удачу и благополучие.

В ожидании Нового года избегайте носить белое или черное, так как именно эти цвета обычно надевают на похороны.

Проведение уборки для подготовки к китайскому Новому году в виде ритуала является полезным. Такая уборка призвана отогнать злых духов, которые могут прятаться в углах дома. Обычно при этом меняют мебель или переставляют ее, подкрашивают краску в доме, ремонтируют поврежденное, моют окна обильным количеством воды.

Об авторе

Помимо астрологических знаний, Алина А. Руби имеет богатое профессиональное образование, сертификаты по психологии, гипнозу, Рейки, биоэнергетическому целительству кристаллами, ангельскому целительству, толкованию снов, является духовным инструктором. Она владеет знаниями в области геммологи, с помощью которых программирует камни или минералы и превращает их в мощные амулеты или талисманы защиты.

Руби обладает практичным и целеустремленным характером, что позволило ей иметь особое, интегрирующее видение нескольких миров, способствующее решению конкретных проблем. Алина пишет ежемесячные гороскопы для сайта Американской ассоциации астрологов; их можно прочитать на сайте www.astrologers.com. В настоящее время она ведет еженедельную колонку в газете El Nuevo Herald на духовные темы, которая выходит каждую пятницу в цифровом виде и по понедельникам в печатном. Также ведет программу и еженедельный Гороскоп на YouTube-канале этой газеты. Ее астрологический ежегодник ежегодно публикуется в газете "Diario las Américas" под рубрикой Rubí Astrologa.

Руби является автором ряда статей по астрологии для ежемесячного издания "Today's Astrologer", ведет занятия по астрологии, Таро, чтению ладоней, исцелению кристаллами, эзотерике. Ведет еженедельные видеосюжеты на астрологические темы на YouTube-канале "Нового Вестника". Ведет собственную астрологическую программу на телеканале Flamingo T.V., давала интервью нескольким теле- и радиопрограммам, ежегодно публикует "Астрологический ежегодник" с гороскопом по знакам и другими интересными мистическими темами.

Она является автором книг "Рис и бобы для души", часть I, II и III, сборника эзотерических статей, изданных на английском и испанском языках, "Деньги для всех карманов", "Любовь для всех сердец", "Здоровье для всех тел", астрологического ежегодника 2021, гороскопа 2022, гороскопа 2024, ритуалов и заклинаний для успеха в 2022 г. Заклинания и секреты, астрологические уроки, ритуалы и чары 2024 и китайский гороскоп 2024 - все книги доступны на семи языках.

У нее есть свой канал на YouTube с темами по психологии, эзотерике и астрологии, где можно посмотреть видео о родственных душах, реинкарнации, языке тела, астральных путешествиях, сглазе, заклинаниях и многом другом.

Руби свободно владеет английским и испанским языками и сочетает в своих выступлениях все свои таланты и знания. В настоящее время она проживает в Майами, штат Флорида.

Более подробную информацию можно получить на сайте www.esoterismomagia.com.

Анжелина А. Руби - дочь Алины Руби.

 С детства интересовалась всеми эзотерическими предметами, с четырех лет занималась астрологией и каббалой. Владеет Таро, Рейки, геммологи ей. Она является не только автором, но и редактором всех книг, изданных ею и ее матерью.

За дополнительной информацией обращайтесь к ней по электронной почте: rubiediciones29@gmail.com.